# Etat Politique

## De la France.

A NANTES, DE L'IMPRIMERIE DE MELLINET-MALASSIS.

# CONSIDÉRATIONS

## SUR

# L'ETAT POLITIQUE

## DE

# LA FRANCE,

PAR M.ʳ LE C.ᵗᵉ ***.

Paris,

A la librairie de Rosier, rue Montmartre, n.° 68.

1828.

# CONSIDÉRATIONS

## Sur l'État politique

## DE LA FRANCE.

---

> A travers les mugissements précurseurs
> des tempêtes, on entendait la voix d'un
> enfant. Hélas ! cette faible voix se perdait
> dans les airs.

La vie des nations, comme celle des
hommes, comme celle de tous les êtres
finis, est soumise aux mêmes vicissitudes,
aux mêmes changements, aux mêmes in-

fluences ; ainsi , elle a ses misères, ses infortunes, sa naissance , sa jeunesse , sa vieillesse et sa fin. Pendant quatorze siècles la monarchie française avait parcouru toutes ces phases. Cet immense colosse, tout couvert des cicatrices du temps, est tombé, et de sa chute a fait trembler la terre. En vain des souvenirs de gloire l'entouraient de ses brillants prestiges ; en vain, les puissances humaines cherchaient à le soutenir de tous leurs efforts : le temps avait parlé ; rien n'a pu changer ses arrêts. Les peuples crièrent alors *victoire !* Ils se croyaient les vainqueurs ; ils n'étaient que les victimes. Les passions se déchaînèrent ; les bases de l'édifice social furent ébranlées ; les notions du juste et de l'injuste furent méconnues ; et le désordre, régnant sur la terre, y trouva des autels.

Cependant, de ce chaos effrayant, de ce bouleversement dans le système politique, moral et religieux , naquirent de nouvelles pensées. Nous ne savons si les peuples gagnèrent à ces changements qui s'étaient opérés dans leurs esprits ; du moins ils le crurent, et cela suffit pour consolider cette œuvre, que les uns regardèrent comme le résultat du perfectionnement des facultés morales de l'homme ; les autres, comme les aberrations momentanées d'un esprit malade. Dès-lors, une révolution s'était accomplie dans la société. En peu de moments, la France présenta un nouvel aspect. L'étendard de nos pères, qu'agitait le vent de l'adversité, devint la bannière sous laquelle se rangèrent tous les hommes dont le cœur vibrait encore aux souvenirs de notre vieille gloire. Mais une autre bannière s'était élevée aux cris de la liberté et de la patrie. Ces noms, si doux à l'oreille de l'homme et si rarement compris par lui, électrisèrent la foule. Elle se précipita, comme un torrent, sur tout ce qui entravait sa marche : elle renversa, détruisit commit d'affreux ravages, d'immenses désordres ; puis, à la face de l'Europe, sous l'influence d'une nouvelle gloire, proclama le triomphe des idées nouvelles.

A cette époque de notre histoire un homme parut : il était né petit ; la fortune et le génie le firent géant. Ses pensées vastes pour ce monde, ne pouvaient en dépasser les limites. Enfant des hasards, le destin était son dieu, l'épée sa loi. Son corps, couvert du fer des batailles, recelait un cœur plus dur encore, que nuls battements généreux n'avaient jamais agité. Mais il est armé de la foudre : ses ennemis tombent dispersés ; tout brillant de victoires, il se présente aux Français, et leur dit : Me voici !.... A cet aspect ils ont tressailli : ils ont cru reconnaître un libérateur, ils apprendront bientôt que c'est un maître. Son règne est commencé. Aux noms de liberté, d'égalité, succède celui d'un souverain. Ces noms, tachés de

sang, qui naguère ont trouvé tant de fa-
natiques sectateurs, sont reniés par eux.
Ces mêmes hommes reçoivent à genoux
les distinctions qu'ils venaient de pros-
crire, et le bonnet, de sanglante mémoire,
est remplacé sur leurs fronts par la toge
patricienne. Cependant, le nouveau monarque poursuit ses destins. A travers les
temps il marche en triomphateur : il accu-
mule victoires sur victoires ; il s'élève plus
haut que toutes les grandeurs humaines ;
puis, il tombe enfin dans l'abîme que lui-
même s'est creusé. Celui qui souleva les
tempêtes fut emporté par elles.

Ici, une ère nouvelle s'ouvre pour la
France : l'ancienne dynastie de nos rois
vient reprendre la place que lui assignaient
les peuples et les siècles. Elle reparaît avec
l'oubli du passé, avec la modération en
partage, avec le désir sincère du bien et
du bonheur de tous. De nouvelles institutions en harmonie avec les change-

ments qui se sont opérés dans nos mœurs, dans nos opinions, sont données à notre pays. Egalité pour tous devant la loi, garantie suffisante de la liberté individuelle, juste répartition des charges de l'état entre les citoyens de toutes les classes, tolérance religieuse, absence de toutes barrières qui pourraient s'opposer à l'élévation du mérite, au développement du génie : tels sont les principes fondamentaux de notre constitution, proclamés par le Roi législateur, accueillis comme le plus précieux résultat des progrès de la civilisation, comme les bases du repos et de la félicité des peuples. Mais, étrange aveuglement de l'esprit humain ! ces éléments d'ordre et de justice, ces grands bienfaits qui devraient exciter leur reconnaissance, sont méconnus par eux. Ils sont malheureux, malheureux de leur bonheur, agités, tourmentés par le calme dont ils jouissent enfin après tant d'orages. Quelles peuvent être les causes d'un semblable phénomène ? Essayer de les découvrir, serait une entreprise au - dessus de nos forces. Hasardons quelques pensées sur cet important sujet.

S'il est un fait incontestable, c'est que la France de notre époque possède tous les éléments de bonheur et de prospérité publique. Le mal qui travaille sourdement le corps social, est un mal purement d'imagination. Semblable à l'homme dont l'esprit affaibli rêve sans cesse la maladie qu'il n'a pas, nous employons tous les efforts de notre puissance intellectuelle à nous persuader, contre l'évidence, que nous sommes malheureux. Nous évitons avec soin d'interroger les temps écoulés. Qu'y verrions-nous ? Des échafauds, des champs de bataille ; de la gloire, sans doute, mais du sang partout ; et ces tristes images auraient le danger de nous faire mieux apprécier la douce

paix du présent ! Notre vue ne peut s'é-
tendre que dans les vastes régions de
l'avenir. Là , elle voit ce qu'elle veut y
voir. Les fantômes les plus effrayants sont
ceux qu'elle préfère. On dirait que nous
sommes possédés de la passion du malheur;
que nous le poursuivons comme l'objet
le plus digne d'exciter nos vœux. Infor-
tunés habitants de la terre ! quelques
jours incertains vous sont donnés : bientôt
vous aurez franchi la vie , cet espace qui
sépare le néant de l'immortalité , et vous
vous plaisez à jeter un voile funèbre sur
tous les objets de votre bonheur ; sem-
blables à l'ange des ténèbres qui frémit
au seul nom de félicité.

Une nation, comme l'être individuel, est
composée de deux parties bien distinctes ,
l'une morale , l'autre matérielle. La partie
matérielle est le peuple , ou la classe la
moins éclairée de la société. Par elle-
même , elle ne peut rien ; car la ma-

tière est inerte de sa nature. Le principe de toute force est dans l'être immatériel ; là seulement peut se trouver la cause qui produit l'effet. Sous le rapport politique le peuple ne saurait donc être considéré que comme un moyen, jamais comme une puissance. Dans le siècle passé, s'il parut agir d'après lui-même ; c'était la vague en furie que la tempête avait soulevée. L'impulsion qui lui était donnée venait de plus haut, et son mouvement fut bientôt modifié par un autre régulateur. Mais une question importante s'offre à nous en ce moment. Le peuple est-il prêt pour une nouvelle révolution ? Nous ne le pensons pas. Les lumières du bon sens le guideront mieux que les plus brillantes théories. On est forcé de convenir que l'esprit, le génie même, sont souvent une source féconde d'erreurs et de déceptions. Si, parmi nous, il est des hommes qui craignent de consulter les annales du passé, le peuple sait y lire. Il se souvient qu'on lui avait promis l'égalité, la liberté, et que la famine et la mort lui ont été données ; qu'on lui avait parlé de gloire, et que chaque année ses enfants, arrachés violemment du foyer de famille, allaient féconder les terres étrangères où gissent épars tant d'ossements de nos frères. Qu'aurait-il, d'ailleurs, à gagner dans de nouveaux désordres ? A quel état plus prospère pourrait-il prétendre ? Il le sait ; et, ce qui est mieux encore (car le jugement de l'instinct est le plus sûr), il le sent : tout changement pour lui ne pourrait être que misère et calamité.

Ce n'est donc pas cette partie de la société qui doit être soumise à notre investigation. Nos recherches doivent se diriger vers cette classe de citoyens, qui est véritablement l'âme du corps social, dans laquelle résident le principe d'action, et le bien et le mal, et les destins de la patrie. Mais de combien d'éléments hétérogènes elle se compose! On le sait, l'opinion des hommes est tout ce qu'il y a de plus variable au monde. Une multitude de circonstances inaperçues décident souvent de toute une vie. Ainsi, les temps, l'éducation, l'intérêt personnel, et surtout l'intérêt d'amour-propre et de vanité, sont autant d'influences secrètes qui, à notre insçu, modifient nos pensées et nos sentiments. Combien d'hommes, défenseurs fougueux de leur opinion, soutiendraient avec la même chaleur l'opinion contraire, si, dans l'échelle sociale, ils descendaient ou montaient d'un degré!

La France éclairée nous apparaît sous la forme d'une foule nombreuse qui s'agite en tous sens, qui raisonne sur tout, non avec les lumières de la raison, mais sous les voiles épais que les passions posent sur les perceptions humaines. Que veut-elle? Quels sont ses vœux, ses projets pour l'avenir ? Elle l'ignore. Est-ce l'intérêt du pays qui l'anime? Parmi elle , beaucoup le croient, et, sous ce rapport, sont dignes d'estime; d'autres veulent le faire croire. Ici, l'on voit deux espèces d'hommes que les temps trouvent toujours à égale distance. Les uns, épris dans leur jeunesse d'une vaine théorie de gouvernement que l'expérience a prouvé ne pouvoir convenir à la France, rêvent encore la chimère de leur jeune âge; les autres, pleins de cet honneur, de ce dévouement chevaleresque des siècles passés, n'ont pu, jusqu'à ce jour, plier leurs idées sous le joug des idées nouvelles. Les premiers veulent le renversement de la chose établie; les seconds, au jour du malheur, se retrouveraient pour mourir sur les marches du trône. Ni les uns, ni les autres en petit nombre, ne peuvent être pour nous un sujet raisonnable de crainte ou d'inquiétude.

L'intervalle qui sépare ces deux extrêmes

est rempli par une masse d'hommes dont il importe que nous approfondissions, s'il se peut, les pensées, parce que là seulement est le péril. Elle se divise en deux corps. Chacun d'eux a placé ses tentes sur un terrain opposé. Dans l'un et l'autre camp flotte le même étendard ; ces mots s'y lisent en caractères d'or : *vive le Roi ! vive la Charte !* Mais l'affreuse discorde n'est pas satisfaite de nos malheurs passés ; elle veut encore des désastres, peut-être du sang ! Ce cri de ralliement devient, dans sa bouche, un cri de division, et quelquefois de désordres. Entre les deux camps, elle se promène, sans cesse agitant son flambeau, et jetant çà et là des étincelles qui doivent produire l'incendie. Elle dit aux uns : Voyez-vous ces hommes, jadis d'une classe pour laquelle les honneurs semblaient être un privilége exclusif ? Les mêmes préjugés les aveuglent encore. Ce n'est pas la valeur réelle de l'homme qu'ils apprécient : ils mesurent leur estime à l'illustration des ancêtres, à la longue suite des aïeux. S'ils parlent de nos institutions nouvelles, ce n'est qu'avec un respect hypocrite. Au fond de leurs cœurs s'agitent, et les regrets du passé, et le désir de détruire le présent. Elle dit aux autres : Entendez-vous ces cris de *vive le Roi ! vive la Charte !* Ceux qui les profèrent sont agités par le génie du mal. Ils ont toujours à la bouche l'intérêt de la patrie ; mais ce n'est qu'un voile dont ils couvrent leur haîne. Ils le déchireront bientôt : ils se montreront tout armés, et malheur à vous ! Exhalant ainsi ses poisons, elle irrite les esprits, elle soulève toutes les passions. Au milieu de ce désordre qu'elle a produit, les mots de notre langue ont perdu même leur véritable sens. Parlez-vous de maintenir les institutions nouvelles ? on vous accuse de rêver la destruction de la monarchie. Parlez-vous de soutenir, de protéger la religion de

nos pères, que nous voulons dans nos familles, et qui est la base la plus solide de
l'édifice social? Les cris de fanatisme et de
superstition se font entendre. Parlez-vous
d'éclairer et non d'attaquer comme ennemis
de la France et du trône les dépositaires de
la confiance du monarque? Le mot flétris-
sant de corruption est aussitôt prononcé.
Et jamais la raison ne vient, de ses rayons
bienfaisants, percer le bandeau qui couvre
notre vue et nous dérobe la véritable forme
des objets.

Ecoutez ! vous tous , amis sincères de
la monarchie par principes et par posi-
tion : jugez mieux de ceux que vous
considérez comme vos ennemis. Si, parmi
ces derniers , il en est que l'expérience
du passé a dû vous apprendre à craindre,
ce ne peut-être que le petit nombre : mé-
fiez-vous de ceux-là. Mais, tendez la main
à ces hommes qui , sans partager entiè-
rement vos pensées, s'unissent à vous en
un point , l'intérêt du pays : saisissez tous

les moyens de rapprochement : entre vous il n'est point de barrières. Loin du tumulte des passions, entretenez-vous paisiblement des affaires publiques; et, croyez-le, toute division cessera. Vous serez étonnés de vous - mêmes, étonnés des vaines chimères qui vous séparaient. Vous, dont l'importante mission est de féconder le sol de la patrie, d'en maintenir, d'en augmenter les richesses, en faisant prospérer le commerce et l'industrie ; vous qui, par vos lumières, êtes appelés à étendre, à perfectionner nos facultés intellectuelles, à conserver parmi nous le dépôt précieux des sciences et des arts, dépouillez-vous des préventions de vos pères. N'ajoutez pas foi surtout à ces organes mensongers de la haine et de la discorde qui, chaque jour, viennent déposer au fond de vos cœurs, le venin dont ils sont gonflés. Portez un meilleur jugement de ceux auxquels vous supposez des intérêts différents des vôtres. Pensez que les mêmes temps vous ont vus naître ; que vous avez ensemble traversé les mêmes époques de votre vie sociale , et qu'enfin ils sont, comme vous, des hommes nouveaux de la nouvelle France.

Français de toutes les opinions , unissez-vous par le lien sacré de l'amour de la patrie. Dépouillez-vous , s'il se peut, de cet amour de soi , qui étouffe tous les sentiments généreux. Songez à l'héritage de vos enfants : que de folles passions d'un moment ne viennent pas y porter pour toujours le trouble et le ravage. Nous le répétons, la France est heureuse! Jouissez de votre bonheur ; et , par de sages institutions, sachez l'assurer pour l'avenir. Marchez d'un pas ferme dans la route que vous tracent vos devoirs, et comme sujets , et comme citoyens. Soutenez de tous vos efforts cette religion qui , mieux que les institutions humaines , sait maintenir l'ordre et la paix dans les familles et dans les nations. N'attaquez pas les fautes involontaires comme des crimes d'état. Abjurez toute haine contre les personnes. Jugez les choses ce qu'elles sont , non ce que vous voulez qu'elles soient. Cherchez à éclairer , non à détruire.

Français! si le clairon des combats se faisait entendre , si l'ennemi s'avançait , s'il osait menacer notre pays, Aux armes! crieriez-vous. Plus de haine , plus de discorde ; et le même drapeau vous réunirait. Un autre ennemi plus redoutable se montre au milieu de nous ; chaque jour il grandit. Rallions-nous , pressons-nous sous la bannière de la légitimité et de la Charte. Combattons cette anarchie qui s'avance dans les champs de l'avenir comme un effrayant fantôme ; combattons-la sans cesse : nous triompherons, et bientôt nous pourrons adresser à l'Éternel l'hymne de la victoire et de la paix.